덤, 덤

덤, 덤

한보경 시집

포지선

* 한 연이 다음 쪽의 첫 행에서 시작될 때는 ' 〉 '표시를 함.

시인의 말

여전히
여전한지요

차례

제1부

상투적인 밥　12
덤, 덤　14
진개장의 무늬들　16
강아지풀　18
고해성사　20
달의 저편　22
전당포와 무연탄　24
시의 귀　26
작고 좁은 방이 그를 기억하는 방식　28
모서리에 대한 보고서　29
기러기가 날아간다　32
화양연화　34
의도는 사라지고 헐벗은 말만 남아　36
숟가락 하나가 있다　38
감자　40

제2부

마더 42

식탁 44

finishing 46

다음 48

선재일기 3 50

새해 첫 소식 52

바라밀다 54

오래된 옷걸이 56

처용의 사랑 58

곡우 무렵 60

옆구리 62

순복이 64

꼬리 내리기 66

뒷설거지를 하다 68

제3부

말꼬리　72

어설픈 기도　74

레이니 시즌　76

돌멩이　78

화두　80

전단　82

인플루엔자　84

선재일기 2　86

너무 긴 시　88

돼지 꼬리를 단다　90

다크 서클　92

스토리텔링　94

다시, 11월　96

계단 오르기　98

쿨 잇 Cool It　100

제4부

시를 위한 몇 가지 조언　102
무심코　104
버스를 기다리는 시간　106
어바웃 타임about time　108
내부 수리 중　110
물밥을 치다　112
허공　114
헝거 게임　116
비망　118
헌화가　120
이름 없는 자들의 도시　122
달력　124
떠도는 말　126
아리랑 1호　128

해설 | 살이 찢기고 하얗게 뼈가 드러나도록 | 김익균　130

제1부

상투적인 밥

'너는 상투적인 밥을 먹는다'라고 말한다 또는 '너는 밥을 상투적으로 먹는다'라고 말한다

'상투적인 밥을 먹는다'고 할 때 방점은 밥의 꼭지 위에 앉아 있다 '밥을 상투적으로 먹는다'고 할 때 방점은 나의 머리 위를 지목한다

밥은 나보다 상위어다 상투적이라는 말은 밥보다 하위어다 나의 머리 위에 밥이 있고 밥 아래에 상투적인 것이 있다 나와 상투적인 것의 서열은 불확실하다 그래서 상투적인 것에서 나는 자유롭지 못하다 상투적인 것은 상투적으로 나를 지배한다 대놓고 나는 아랫것인 상투적인 것을 무시하려 노려본다

나와 밥 사이를 왔다 갔다 하는 상투적인 방점을 지우기 위해 나는 아침을 굶거나 점심을 굶거나 저녁을 굶는다 간혹 세끼 밥을 다 굶기도 한다 밥을 먹지 않는 것이

상투적인 방점들을 지우는 일이다 나의 생각이다

확실하게 방점을 지울 수 있는, 방점을 친다

덤, 덤

꽃 한 송이가
덤이라며 제 몸을 내준다 거짓말처럼,
꽃은 덤이 되지 못하고
꽃 한 송이가 덤이 되어주려던 그것이
덤이 된다
어쩌다 덤이 되어버린 그것의 한때가
덤이 아닌 주인공이었다,
아무도 기억하지 않는다
덤이 되어 주겠다고 꽃들은
덤이 아닌 그것들을 덤으로 만들어버린다
순식간이다
가끔은 아주 은근하고 응큼하게
서서히 목을 조르듯,
꽃의 애틋한 눈빛을 믿지 말라는
오래전의 유언 같은 것을 들은 바 없는
그것의 비극이다
덤은 가장 아슬아슬하고 위험한 금기

아득한 절망이다
불필요한 잉여다
세상의 모든 선의를 엄청나게 버겁고
역겨운 악의로 바꾸어버린다
자고 나면
무턱대고 좌우가 바뀌는 세상
너무 흔하고 흔한
덤 아닌, 덤들

진개장의 무늬들

홀로 남기로 한 것과 이미 홀로였던 것들이
새로운 의기투합을 쌓고 있다

속도를 멈춘 시간과 시간이 멈춘 속도가
서로의 속도를 깎아 먹고 서로의 시간을 헐어 내린다

단호한 것과 모호한 것들은 관계라는 관계를 무너뜨린다
이쪽과 저쪽들이 머뭇거린다
망설이는 경계에서 아슬아슬한 무늬가 돋는다

한때의 햇살과
등 굽은 상처와 냄새 나는 푸른곰팡이들이,
너무 일찍 식어버린 소통과
억압과 억지가 이끌고 온 단절들이,
서로의 이력을 얼버무리며
중얼중얼 무늬가 되어간다

〉

젖어버린 옹알이의 출처와
굳은살의 잔여 시간은
아무런 주석을 달지 않고도 사방연속의 얼룩이다

긴 망설임의 다음을 예감하는
무늬와 무늬들은

그렇고 그러하게, 어떤 무늬가 되어간다

강아지풀

강아지풀이 사라진 자리
강아지풀을 닮은
강아지풀이 자라고 있다
오래전 내가 뿌리고 까맣게 잊은
강아지풀을 닮은 강아지풀이 자라고 있다
어떤 전조도 없이
강아지풀은
대뜸 나의 강아지풀이었다고 나를 핥기 시작한다
뒷담화의 방향은
배후가 아닌, 늘 너무 가까운
보이지 않는 측면이라고
강아지풀을 닮은 강아지풀은 보이지 않는
가장 먼 측근을 핥는다
나의 손바닥을 핥고
나의 동서남북을 핥고 기어이
냄새나는 나의 배후 구석구석을 핥는다
살이 찢기고

하얗게 뼈가 드러나도록 핥는다
강아지풀을 강아지풀이라고 말하지 못하는 나는
강아지풀처럼 사라지지 못하고
강아지풀을 닮은 강아지풀처럼 자라지 못한다
강아지풀처럼 강아지풀의 손바닥을 핥지 못하고
강아지풀의 동서남북을 핥지 못하고
강아지풀의 배후를 핥지 못하고
처음부터 끝까지

컹컹, 짖고 있다

나를 닮은
무수한 강아지풀 같은 강아지풀에서 다시
보이지 않는 측면이 자라난다

쓰윽 쓰윽 붉은 이빨들이 자라고 있다

고해성사

어제를 삽질하고
막 시작하려는 오늘을 삽질하고
아직 오지 않은 내일마저 삽질했다,
그가 말했다
하면 할수록 삽질은
걷잡을 수 없는 삽질을 충동질하고
삽질이 이룬
길이와 넓이와 깊이는
무한대로 수렴한다고 삽질은
조만간
삽질조차
삽질하고 말 거라고
최후의 삽질처럼, 그가 말했다

삽질의 끝에는
삽질이 몰래 품어 키우는
삽질할 수 없는

경우의 수가 꽁꽁 숨어 있는 거라고
최후의 삽질처럼, 내가

그를 삽질했다

달의 저편

다양한 기울기를 숨긴 달은
선명한 좌우를 버린 지 오래

잠시 한눈파는 사이
수시로 달은

이편과 저편으로 기울기도 하고
이편과 저편을 나누기도 하고
이편과 저편을 바꾸기도 하고
이편과 저편을 뭉개 보이지 않는 경계가 되기도 하고

저편이
저편으로 남기까지
이편이 이편으로 남기까지

달은 이편도 저편도 아닌
계수나무 그림자가 기우는 대로 기울기도 한다

어쩌다 허공과 한편이 되기도 한다

마린시티 초고층의 빌딩과 빌딩 사이
바람의 뾰족한 혀를 닮은
동짓달 차가운 초승달이 걸린 밤
이편에서
저편에 대해 함부로 발설하는 건
스스로 목을 치는 일이라고
또 한 해가 기울고 있다고
결코 따라 기울지는 않겠다고

잠시 기우는 대로 기우는 척, 삐딱해지는 달

저편인지, 이편인지

허공은 덩달아 기울어지고

전당포와 무연탄

 전당포와 무연탄은 어쩌다 서로 얽혀들었을 뿐이라고 발뺌을 한다 사각의 틈새를 파고든 암묵이 관계없는 관계를 키웠다고, 난무하는 소문과 소문에는 연기가 나지 않는다고, 연기를 피운다

 관계라고 부를 수 없는 관계에 골몰하는 일이 말할 수 없이 지루해질 무렵

 뜬금없이 4월의 폭설이 쏟아진다

 봄눈과 봄꽃의 관계처럼, 전당포와 무연탄의 관계처럼,

 관계 아닌 관계에도 어떤 연기가 나고 만다고, 밤새워 폭설은 폭언을 퍼붓는다

 관계를 드러내지 않는 관계들이, 아무런 연기도 피우지 않던 무연의 연고들이, 기어이 속을 열고 컴컴하게 빛

바랜 속을 보일 때 폭설은 내린다고 떠도는 눈발들은 시끄럽게 떠들고 다닌다 관계와 관계의 뒷구멍을 찾아 뒤지고 캄캄한 정선의 밤을 하얗게 덮어버리고 기어이 무연탄과 전당포의 관계를 깔고 앉아 하얗게 시치미를 뗀다

 쌓인 시치미를 밟으며 검은 길고양이 한 마리가 지나간다 정선의 검은 밤을 관통하며 고양이가 지나간다 지루하게 끌고 다니던 검은 발자국을 버리고 하얀 장화를 갈아 신은 고양이가 지나간다

 4월의 소심한 관계들이 조심조심 녹기 시작한다

시의 귀

귀를 잘라버리면
전설 같은 이야기가 남는다지요

귀만 남은 전설이 될 수 있다지요

눈도 사라지고
코도 사라지고, 입도 사라지고
얼굴마저 뭉개진
무시무시한 전설이 될 수 있겠군요

전설이 되려 해요

기억할 수 없는
물고기였던, 파충류였던, 거대한 포유류였던
먼 자궁의 자궁을 지나온
전생이고 후생이었던,

무거운 귀를 벗지 못해서
벗어서 걸어둘 고리가 없어서
귀를 잘라요

잘린 귀에서
아무도 모르게 귀 하나가 새로 자라

때론 눈이 되고
코가 되고, 입술이 되어
잘린 귀의 전설을 폭로하더라도

귀를 잘라요
먼저 전설이 되려고 해요

돌이킬 수 없는
불행에 관한 시작과 결말 같은, 전설이 되려고 해요

작고 좁은 방이 그를 기억하는 방식

작고 좁은 방에 침대가 있다
우두커니 침대는
방보다 높고 크고 깊어지고 있다
침대의 그리움은
침대보다 더 높고 크고 깊어서
침대를 휘덮고
보이지 않게 침대를 가리고
침대를 넘쳐나고
기어이 작고 좁은 방의 눈시울을 적신다
푸르고 발그레하고 풀빛이고 연한 꼭두서니 빛깔이다
푸르고 발그레하고 풀빛이고 연한 꼭두서니를
바닥까지 드리우고 침대는
텅 빈 방의 부재를 버티고 서 있다
기다리는 모든 것들은
시간이 멈춘 곳을 향해 마지막 시선을 멈춘다
발그레하고 푸르고 풀빛이거나 연한 꼭두서니 빛이다
작고 좁은 방이 그를 기억하는

무이無二의 방식이다
그의 외출이 너무 길어지고 있다

모서리에 대한 보고서

1, ㄷ자형 주방

머리카락 보인다, 동서남북
이리도 말랑말랑한 모서리
보이지 않는, 남남동 북북서

2, 떨켜

파르스름한 단도직입을 버린,
짓무른 모서리는 모서리가 되기를 원한다
에두르지 않기로 한다

3, 증명사진

증명할 수 없는

증명이 되기 위해

이미 알고 있던
모서리란 모서리는 모두

모른 척한다

4, 말복

끈적끈적 달라붙는
모서리마다

각방을 쓰자고

마지막 통첩을 보냈다

기러기가 날아간다

기러기가 날아간다

날아갈 때,
기러기는 매우 객관적이다

기러기가 날아간다는 것은
날지 못한 주관적인 것들의 객관적 오류 혹은
서로를 주관과 객관이라 부르는 것끼리
합의한 암묵의 약속

날아간다고 생각하며 날아간 적 없이
기러기는 날아가고 있다

날아간다고 생각한 적 없이 날아간다는 것은
기러기의 움켜쥔 발톱 속에
기러기도 모르는
무엇을, 기러기는 감추고 있다는 것이다

〉

무엇이 무엇인지 모르고 날아갈 때, 기러기는
매우 주관적이다

기러기가 날아간다
무엇이라고 부를 수 없는 무엇이 날아간다

매우 주관적인 객관이 날아간다
매우 객관적인 주관이 날아간다

기러기처럼 날고 있다고, 기러기는 날아간다

화양연화

수런수런 깨어나는
수직은, 수평이 모두 잠든 사이
수평을 부수고
홀연히 피어난다
그러니까 수평은
수직이 파놓은 촘촘한 수렁,
직벽의 시간을 몰래 쌓고 있던
수직의 한때였던 것
수평을 부수고
수직을 꽃 피우는 방법을 풍문으로
수소문하다
야멸치게 뒷목이 패인
나의 수평은,
수시로 수직이 드나들었던 통로
수평의 근처를 떠돌던 봄이
너무 늦게
일러주고 갔다

희미하게 남은
수직의 체온을 함부로 베어 물다
잇몸이 시큰하다
아직도
수평의 어느 언저리에는
피다만 수직의 꽃들이 껍질처럼 지고 있는지
이름 없는 꽃대에게도 습관처럼
이름을 물어본다
수직의 한때를 기억하는
꽃들은
아주 봄이 가버린 걸 알지 못한다

의도는 사라지고 헐벗은 말만 남아

말과 의도의 거리는 아주 적절했다
평화로웠다
꽃이 지천으로 필 때가 지금이라는
한때의 의도에 대해
모두 의심하지 않았다
모든 것이 다 좋았다
모든 방향들은 일사분란하게 흩어지다가
거짓말처럼 일치했다
견딜 수 없이 꽃이 지루한 날
누군가 꽃을 깨뜨리자고
말과 의도의 미묘한 거리에 대해 정직할 것을 요구했다
말과 의도에 대한 낭설이 분분해지고
서로의 거리였던 거리를 번복하고 인정하는 동안
무성한 눈흘김들이
말과 의도 사이를 오고 갔다
제멋대로 의도를 벗어나 말은 헐벗은 채 거리를 쏘다녔다

의도의 속살이 물러터지고
헐벗은 말이 입을 열 때마다 썩은 냄새가 났다

의도는 사라지고 헐벗은 말만 남아
몹쓸 거리는,

그래도 평화롭다고 했다

헐벗은 말과 사라진 의도의 거리는
그래도 적절하다고 했다

숟가락 하나가 있다

낡고 헐렁한 눈빛 하나가 있다

그리움 아니고는
어떤 이름으로도 부를 수 없는

눈곱만큼도 사랑스럽지 않고 가지런히 빛난 적 없는
아주 낯익은 얼굴 하나가 있다

기억나지 않는 이목구비를 짜 맞추듯
손가락 사이로 흘러내린
토막 난 눈빛들을 주섬주섬 맞추어본다

끓어오르는 심장을 꿰뚫고 까마득히 먼 뱃속을 지나
마침내 버려질 밑씻개처럼, 황망한 그것

아직은 숟가락이라고 부르는 숟가락 하나를
숟가락이 아니라고 들여다본다

〉
나도 모르는 나를 샅샅이 훑고
마음대로 들쑤시고 다니던
숟가락 하나가 애틋하게 나를 바라다본다

버릴 수 없는, 너무 버리고 싶은
푸석한 슬픔을 물고
애물단지 하나가 나를 바라보고 있다

끝내 숟가락이라 불러야 할 숟가락 하나가
쓸쓸하게 나를 지켜보며 거기 있다

어디에서 온 것인지, 천덕꾸러기 하나가 있다

감자

 너무 뜨거운 것이 흠이라는 당신의 감자는 너무 정직합니다 민감한 것이 흠이라는 나의 감자는 너무 라는 어찌한 말이 품고 있는 비극적인 온도를 모릅니다

 정직의 뜨거운 김에 데지 않으려 정직하지 못하다는 변명으로 감자의 온도부터 살피는 버릇이 생겼습니다 세상의 모든 감자의 온도에 너무 민감해지는 난감한 병 하나 새로 얻었습니다

 당신의 감자가 비극의 절묘한 복선을 위해 마지막 웃음을 숨길 때 나의 감자는 드러내놓고 웃기부터 합니다 웃음의 비극적인 온도를 모르고 당신의 감자가 조촐하게 빛나기를 기다립니다

 어쩌다 꿈인 듯 당신의 감자가 너무 따뜻해, 기어이 새끼손가락 끝을 데고 맙니다

제2부

마더

내 방에는 엄마가 없다

한 번도 엄마가 된 적이 없는, 나는
엄마의 모든 이름을 몰래 숨기고
엄마를 표절한다

표절은 가슴에 표절이란 이름표를 달지 않는다
표절은 표절만 꿈꿀 수 있으므로,

밖으로 걸어 나올 수 없는 표절이 갇힌 방
거울은 없다

엄마의 심장을 표절하고, 끝도 없이 엄마가 되기를 표절하고, 엄마로 늙어가기를 표절한다
거울은 없다

나는 엄마가 벗어둔 옷을 최대한 헐렁하게 걸치고 엄

마의 최댓값을 숨긴 엄마의 좌표를 겹겹이 껴입고 표절과 표절이 만나는 x축과 y축의 절정에 대해 궁리한다 그 궁리의 벼랑 끝에서 망설이지 않고 엄마를 벗어버린다?

  완벽하게 엄마를 표절하는, 결코 늙지 않는 표절
  엄마는

  표절이 꿈꾸는 궁극이며
  표절의 표절조차 찾아오기 힘든 너무 먼 표절이다

  느닷없이, 죽는 표절이다

식탁

밥의 체온을 버무려 가장 뜨거운 식탁을 완성한다
그런 꿈을 꾼다
적당한 한 끼의 꿈을 꾸기에
식탁은
가장 적절한 성지, 혹은
너무 닮고 닮은 맹신의 그럴듯한 함정
세반고리관이 망가지거나
고막이 터지거나
곪은 귀도를 가진 식탁 위의 밥은, 기울어진 식탁처럼
아직 위험하고
귀지처럼 쌓여 식어가는 밥은, 낡은 식탁처럼
이미 귀가 먹어
뜨거웠던 한때의 체온을 잊었다
저리 무심한 표정으로
아무 것에도 귀 기울이지 않는다
식은 밥을 뜨거운 밥과 버무려 식지 않는 밥을 완성
하자고

마의 최댓값을 숨긴 엄마의 좌표를 겹겹이 껴입고 표절과 표절이 만나는 x축과 y축의 절정에 대해 궁리한다 그 궁리의 벼랑 끝에서 망설이지 않고 엄마를 벗어버린다?

  완벽하게 엄마를 표절하는, 결코 늙지 않는 표절
  엄마는

  표절이 꿈꾸는 궁극이며
  표절의 표절조차 찾아오기 힘든 너무 먼 표절이다

  느닷없이, 죽는 표절이다

식탁

밥의 체온을 버무려 가장 뜨거운 식탁을 완성한다
그런 꿈을 꾼다
적당한 한 끼의 꿈을 꾸기에
식탁은
가장 적절한 성지, 혹은
너무 닳고 닳은 맹신의 그럴듯한 함정
세반고리관이 망가지거나
고막이 터지거나
곪은 귀도를 가진 식탁 위의 밥은, 기울어진 식탁처럼
아직 위험하고
귀지처럼 쌓여 식어가는 밥은, 낡은 식탁처럼
이미 귀가 먹어
뜨거웠던 한때의 체온을 잊었다
저리 무심한 표정으로
아무 것에도 귀 기울이지 않는다
식은 밥을 뜨거운 밥과 버무려 식지 않는 밥을 완성
하자고

귀엣말을 속살거릴 때, 식탁은
엄청나게 솔깃하다
식탁의 진짜 온도를 모르고 밥은
홀로 시끄럽다
아무것도 모르는 나처럼,
설익거나 타버린 식탁의 네 귀를 오려내어
어설픈 밥의 자화상을 완성한다
그런 꿈을 꾼다
아무것도 모르는 나처럼,
창대한 꿈만 꿈이 아니라고 우긴다
믿을 수 없을 만큼 가깝고 시끄러운 꿈을 꾸기에

식탁은 어쩌면,

finishing

세상의 모든 마감들은 마감을 기다린다
미처 나누지 못한 시작에 온전히 길들여지기 전부터
마감은 이미 마감을 향해 돌아선다
마감이 다가오는 우체국
먼지 쌓인 창구마다
시작도 하지 못한 세상의 마감들이 줄지어 서 있다
마감 뒤의 시작이 새롭게 시작될 거라고
솔깃한 축복 앞에서
흔들리지 않는 벽시계는 시침만 떼고 있다
마감 뒤의 시작을 아직도 믿는 우리는
지상에서 가장 희귀한 동물, 끝까지
죽어버린 식물성을 고집하는 한 마리의 미련한 짐승,
굶주림과 쇠잔의 강을
거꾸로 거슬러 오르는 비린내 나는 어족, 그리하여 우리는
닫힌 문 뒤에 쌓인 먼지처럼
부치지 못한 시작들을 부치러 간다

11월의 마지막 오후가 더디게 흘러가는
우체국 창가
너무 일찍 도착한 포인세티아의 붉은 축복 속에서
오래전에 부치고 까맣게 잊은
시작들이 붉게 피고 있다
거짓말처럼,
순한 햇살이 몰래 키운
수취 불명의 시작들이 반송된 오후

마감은
또 다른 시작의 징후, 예감하던

막다른 우회로는 등 뒤에 있지 않다

다음

다음의 옆모습을 훔쳐본다

고개 돌린 이목구비가 다음의 이목구비인지
누구의 허상인지
다음의 얼굴에 얼굴을 묻고 울고 싶을 때가 있다

다음을 불러내지 않은 날은 없다
만만하게 불러
함부로 여기저기 갖다 붙여놓아도 다음은
다음을 욕심내지 않고
다음이 되어준다

자르지 못한 머리카락처럼
자꾸 웃자라기만 하는
다음을 찾아서
설익은 머리카락을 자르고 또 자른다
원치 않아도 자라는 머리카락처럼

원치 않아도
다음은 자꾸 다음이 되어간다

내가 먼저
다음을 아는 척한다 기적처럼 돌아보며

다음이 웃는다

뒤돌아보는 다음은 다음이 아니다

헛물처럼 웃고 있는 다음은 다음이 아니다

다음은 뒤통수가 없다

선재일기 3

지난 밤
심장 깊숙이 둥지를 틀고

바람을 담은,

새 한 마리 날아들었다

바람의 이름을 흉내 내는
그 새는

바람의 지난 이름을 결코 말하지 않는다

바람이라고 불리던 바람을
바람이 아니라고 부르는
그 새는

구름이 일고

구름이 이울듯

바람의 이름을 지운 자리
바람의 이름을 다시 쓴다

바람을 닮은
그 새

어디에도

함부로 둥지를 튼 적 없는,

새해 첫 소식
— 바라미에게

죽은 짐승의 눈 속에서 영혼을 만났다
한 번도 만난 적 없는 죽음이
한 번도 믿은 적 없는 영혼을 데리고 왔다
죽음 속에 영혼이 산다는 믿음을
당분간 믿기로 했다
눈 속에 영혼은
이미 살고 있지 않아
눈 속에 영혼이 살았던 기미 따위는 느껴지지 않아
눈 속에 영혼이 수시로 들락거렸던 문은 보이지 않아
경계가 사라진 눈 어딘가
깊이를 모르는
허공 같은 우물이 흐른다
웅웅거리는 속울음을 퍼 올리던 영혼이
몰래 파둔
함정이고 착각이고 허구 같은
우물 속으로
겨울 오후의 흐린 눈이 떨어진다

죽음과
보이지 않는 영혼과 우물의
관계없는 관계식은
풀 수 없는 눈처럼 내린다
눈은 땅에 닿기도 전에 너무 쉬이 풀어져
풀어진 관계를 관계라 부를 수 있는지
풀기도 전에 풀어지는 눈은
절망처럼 흔들린다
감히 나는
죽어버린 눈 속에서
방금 숨이 끊어진 짐승의 깊어진 눈 속에서
힘겹게 물고 있던
한 줄기의 바람 같은 영혼을 잠깐 만났다 할 것이다
그래야 할 것이다

바라밀다

 검은 곰팡이가 핀 아침 악취를 먹고 사는 시궁쥐는 까마득한 한 그루의 물오른 나무였음을 기억하지 못한다 싱싱한 한 철을 빛낸 한 무리의 빛이었음을 기억하지 못한다 시들어버린 장미의 붉은 뺨이 투명한 이슬을 머금은 봄비의 후생이었음을 기억하지 못한다 구더기가 들끓는 저녁이 오고 한 때의 기름진 포만이 짓물러 썩어간다 푸르른 저녁의 혓바닥에서 컴컴한 어둠의 돌기가 돋는다 모든 어둠은 모든 빛이었음을 어둠과 빛을 등짐 진 황소는 오늘도 쌍요자나의 수레를 끌고 간다

 시간의 끝에 매달려 살과 피가 말라가는 가을 햇살 한 줄기, 거죽만 남은 어린 짐승의 곧추선 뼈와 뼈 사이, 고스란히 돋아난 가지런한 슬픔의 각도들은 너무 촘촘하다 가지런한 슬픔의 엇각들은 마지막처럼 서로를 붙잡고 서로의 울음을 위무한다 댓바람처럼 서걱거리는 하루가 끝나 간다고 줄지어 운다

가녀린 남천 나무 한 그루를 욕심내던 봄날처럼 모든 것이 말라가는 저녁 어제보다 조금 붉어진 잎사귀들이 전단처럼 우르르 떨어지고

　삐걱거리는 바퀴 아래
한 톨의 겨자씨도 얻지 못한 이생이 이울어 가고

　머리카락 한 올 흘리지 않은 저녁이 오고

　모두, 기적 같은 일

오래된 옷걸이

옷이 되려 해요
옷의 솔기에 박힌 촘촘한 뼈를 발라내고
꽁꽁 숨은
옷의 체취 속으로 스며들어
거짓말처럼, 빛나는 옷이 되려고 해요
환한 낯빛에
군더더기 살집 하나 없는
매끈하고 화사한 거짓말이 되려 해요

까맣게 녹이 슨 비밀의 고리에 걸려
숨죽여 울기도 해요
옷이 되어도 가릴 수 없는
진짜 비밀은
비밀의 덫에 오지게 걸린
바로 나이거든요

숨겨둔 비밀이 올올이 풀어헤쳐지고

갈가리 찢어져서
고스란히 맨살이 삐져나와도

나는 내가 아닌,
처음부터 빛나던 옷이었다고 우길 거여요

끝이 나도
끝내지 못하는
캄캄하고 슬픈 비밀이 될 거여요

처용의 사랑

둥근 빛은, 달빛에 흠뻑 젖은 내 몸인가요

달의 몸에서 나온 달의 몸인가요

밤새 노닐던 어두운 밤길은, 내가 밟고 다닌 나의 길인가요

어둠이 디딘 어둠의 길인가요

아슬아슬하게 걸려있는 순간을 마지막이라 부를까요

시작이라고 부를까요

빼앗기면 빼앗은 자의 시작인가요

여전히 빼앗긴 자의 마지막인가요

빼앗은 것들은

빼앗은 것이 빼앗은 거라는 걸 마지막까지 몰라요

빼앗긴 것들은

빼앗긴 것이 빼앗긴 거라는 걸 처음부터 알아요

모래알처럼 부서지는 노란 달빛 아래

한바탕의 걸쭉한 춤사위는

누구의 시작을 보내는 누구의 마지막인가요

누구의 마지막을 보내는

누구의 시작인가요

곡우 무렵

봄이 분 입김에 입술을 데었다

치명적인 화상을 들키지 않으려고

새끼손가락 끝에 희미하게 박힌 1도의 동상을 지목한다

나머지 손가락들이 입김보다 뜨겁게 달아오른다

쉬 뜨거운 것은 쉬 식고 마는 거라고

새끼손가락이 나머지 손가락들에게 주문을 걸자

옷장 속에서

화근내 나는 손가락들이 우르르 뛰쳐나온다

아직도 넣어두고 까맣게 잊은 것들이 너무 많다

옆구리

옆구리가 웃는다
부끄러운 성감대를 들킨 옆구리가 쿨럭쿨럭 울다가 웃는다
보이지 않는 능선 속에 꽁꽁 숨은 옆구리
발을 헛디디고 빠져 죽을 만큼 깊은 옆구리
옆으로 늘어진 어딘가
쟁여놓고 잊은 것들이 푹푹 썩어가는
냄새 나는 옆구리
드러내지 않아도 터진 속이 훤히 보인다
꿍쳐둔 장물들이 드러난다
제쳐두었던 열일들이 터져 나온다
바로 옆이라고 옆구리를 외면하고 살았다
옆구리는 옆이어서
옆으로 고개를 돌리지 않아도 훤히 보인다고 믿었다
여기저기 옆으로 구멍을 뚫어
위아래 앞뒤 동서남북을 다 쑤셔 넣고
벌어지는 틈을 얼버무리면 도로 옆구리인 줄 알았다

앞뒤 재지 않고
위아래도 없이
보이지 않게
스멀스멀 측근을 키우는 줄 몰랐다
가장 먼저
옆에서 멀어지려는 옆구리
옆이 사랑한
옆구리가 웃다가 울고 있다

순복이

순복이를 만났다
유월의 햇살은 너무 뜨거웠고
수십 년의 세월을 거슬러 오는 순복이는 시든 상추 같았다
순복이었는지 아니었는지
나른한 토요일 오후의 반쯤 감긴 눈꺼풀을 열고
순복이는 순복이인 듯 아닌 듯 걸어왔다
말랑말랑한 미소와
여전히 고슬고슬한 머리카락 사이로
아련하고 까마득하게
긴 아지랑이가 피어올랐다
토요일 오후의 햇살이 떨어져 뒹구는 거리
순복이를 순복이라고 말할 수 있는 단서는 어디에도 없다
그래도 순복이가 순복이인 것은
허기 같은 그리움을 부드럽게 만지고 가는
바람이 잠깐, 불었기 때문이다

바람 속에는
바람만이 기억하는 그리움이 산다
바람이 지나가 버린 거리 위
꿈에서 깬
햇살이 기우뚱해지고
순복이는
다시, 아득했다

꼬리 내리기

흔들리지 않겠다
어리석은 약속을 함부로 믿은 꼬리 하나가
꼬리를 내린다
최후까지 닿았다가 되돌아온 꼬리가
최후처럼 꼬리를 내린다
군내 나는 사타구니 같은 꼬리가
꼬리를 내리고
꼬리치던 모든 기억들이 꼬리를 내린다
종일 봄비가 내린다
비장의 비서처럼
깊숙이 꿍쳐두고 까맣게 잊은
사타구니 사이에서
사타구니가 되어가던, 꼬리가 스멀스멀 군내를 피운다
냄새의 몽타주를 궁리하는 밤
길이가 비슷한 냄새끼리
냄새로 잇대고
굵기가 비슷한 냄새끼리 냄새로 뭉쳐도

생각나지 않는 꼬리 하나가 들락날락 냄새를 피운다
궁리와 궁리 사이에서
꼬리를 내리는 척,
내리는 비의 꼬리에 스며들어
묶인 냄새를 싹둑 자르고
도망가는 꼬리 하나를 또 놓친다

뒷설거지를 하다

뚜껑이 없는 기억을 덮은
뚜껑을 연다
냄비가 기억하는 마지막 기억은
너무 완강해
감은 눈빛조차 흔들리지 않는다
찌든 손잡이에 묻은 기억나지 않는 눈빛을
좀 더 세게 문지른다
닦으면 닦을수록 눈빛은
눈빛이라 부를 수 없게 될 때까지
뚜껑에 엉겨 붙는다
뚜껑을 뚜껑이라 부를 수 없는
뚜껑의 진짜 속을
냄비의 기억이라 부를 수 있는지
오래전 건초염을 앓던 손목의 뚜껑을 연다
까마득한 터널 속으로 진짜인 듯 진짜 같은 기억들이
오글오글 머리를 맞대고 있다
말라가는 손목의 속은 손목의 진짜 기억일까

냄비의 찌든 뚜껑을 외면하듯
손목에 걸린 기억을 소리 나게 덮어버린다
언제부터인가
찌든 것은 찌들지 않은 것에게
진짜는 진짜가 아닌 것에게
뚜껑은 뚜껑이 아닌 것에게, 어쩌다
속을 열지 않고도
서로를 속이라고 고집을 피운다
반짝이는 속도로 냄비의 뚜껑을 열고 속을 파낸다
말라가는 속도로 손목의 뚜껑을 열고
속이라고 우기는
수상한 기억들을 욱여넣는다
속을 모르는 뚜껑을 뚜껑이라고 힘주어 부른다 속임 짓처럼,
손목에 걸린 건초염이 시큰둥하다
당분간 뚜껑은 반짝인다

제3부

말꼬리

나는 도마뱀이 부러워

무서운 무기처럼, 도마뱀의 꼬리가 부러워

예리하고 단호한 거두절미가 부러워
앞과 뒤를 멋지게 뭉개버리는 그런 혁명이 부러워

말의 꼬리를 끊어내는 연습을 했어
길고 지루하게 도마뱀이 되는 연습을 했어

말의 머리에서 꼬리가 생겨나고
말의 앞뒤가 뒤바뀌고
뒤바뀐 꼬리 아닌 꼬리에서 다시 꼬리를 물고
꼬리가 자라나고
앞과 뒤가 위와 아래가
끊어지지 않는 꼬리가 되어가는

자르면 자를수록 꼬리는 마구 달려나가고

꼬리는 팔과 다리가 되고
팔과 다리는 머리가 되고
머리는 기어이 심장이 되고
끊고 잘라도 다시 전부가 되어가는
말의 꼬리가 나는 진짜 무서워

날마다 말꼬리를 자르는 연습을 해

끊어도 끊어도 결코 끊어낼 수 없는 꼬리 때문에
도마뱀이 되는 연습을 해

도마뱀의 꼬리는 정말 부러워

어설픈 기도

말들이 떠나고 있다
가문비나무에 문패처럼 긴 울음을 걸어두고
말들은 떠나간다
가문비나무에 묶인 울음의 고삐를 바투 잡고
나는 떠나는 말들에게
돌아올 시간에 대해 물었다
떠나는 것들은
잠깐의 생 따위는 돌아보지 않고 떠나갈 뿐이다
긴 여울을 건너
젖은 발자국도 남기지 않고 떠나는
말들은 말이 없다
어설픈 기도처럼
돌아오는 시간은 스스로를 속이는 시간
지킬 수 없는 약속이 되기 위해
말들은 떠난다

보이지 않는 긴 줄에 묶인

몽골의 독수리가 끝내 돌아오고 마는 것은
한 번도 떠나 본 적 없는 태생의 발가락을 가진 탓이
라고,

비행기가 날아간다

무수한 억측과 난분분한 염문을 지우며 비행기는
먼 하늘을 날아가고 있다

돌아오기 위해 떠나는 것들은 발자국을
먼저 지운다

레이니 시즌

국지성 피로가 쏟아지는 오후

어디에도
우산은 없다

어딘가 버린
찢어진 우산이 없다

한때 범람했던 강물처럼
터지고 갈라진 심장의 마른 바닥을 타고
으르렁거리는 바다가 역류한다

시즌의 시작을 알리는 폭죽처럼,

생의 가장 위험한 시기는 늘
마지막이라는 희망 한 조각으로 잔인하게 우리를 고문한다

〉
건기를 지나온 습지의 기억들은 다만 젖어가고

여전히 한 치 앞을 볼 수 없는, 어딘가

찢어진 우산의 손잡이를 움켜쥔

풀빛큰우산버섯이 자란다

활활 타오르는 푸른 풀 같은 하루가 또 지나간다

돌멩이

돌멩이가 날아간다

제 속을 흠뻑 적신 것이 푸르고 붉은 멍이라는 걸

너무 오래 돌멩이는 모르고

전력투구하며 날아간다

푸른빛을 의도한 적 없이 날아간다

붉은빛을 의도한 적 없이 날아간다

푸르고 붉은 의심들이 날아가고 있다

겉도는 심증 속으로 날아가고 있다

모호하고 거무스름한 자막들이 쉼 없이 지나간다

〉
확인할 수 없는 낭설들이 지나간다

누가 던진 것인지 기억하지 못하는데 돌멩이가 지나간다

손잡은 기억이 없는데 던진 기억이 먼저라고 지나간다

던진 기억이 없는데 맞힌 기억이 먼저라고 지나간다

맞힌 기억이 없는데 맞은 기억이 먼저라고 지나간다

푸르고 붉은 멍들이 돌멩이보다 먼저 돌멩이를 빠져나가고 있다

부랴사랴 서두른다

화두

 꽃은 구순염을 앓고 있어 꽃의 혀끝에서 울혈 된 꽃의 말이 터지기를 기다리다 나는

 차라리 꽃이 되기로 했어 몸속에 단단한 멍울을 심고 아침마다 목구멍 안으로 흠뻑 물을 부어주었어 기어이 몸통마저 내어주었어 통째로 빨아먹게 했어

 꽃의 말은 까마득히 멀어 이미 꽃이 진 줄도 모르고 나는 하염없이 절정의 꽃말을 기다려 거룩한 화룡점정을 기다려 섬망 같은 꽃의 옹알이를 기다려

 웅크린 꽃을 꽃이라 부를 수는 없어 드러낼 수 없어 드러내지 못하는 파란만장을 꽃이라고 부를 수 없어 냄새 나는 창자를 지나 굽이굽이 뜨겁게 쏟아져 내리는, 불끈불끈 터지는 역겨운 향기를 아직은 꽃이라 부를 수 없어

 드러나지 않는 것들은 드러나면 안 되는 이유를 드러

내지 않기 위해 얼마나 독한 냄새를 키우는지 모르고 무수한 거두절미들이 얼마나 많은 머리를 포기해야 꽃을 키우는지 모르고 나는 이적 같은 꽃이 머리를 내밀기를 기다려

  한바탕의 난장을 기다려

전단

언니들이 떨어지고 있다

그 많던 싱아풀처럼, 언니들이 막막하게
까마득히 잊은 언니들이
어디로 가버렸는지 알 수 없는 언니들이
무명 브래지어 끈으로
살굿빛 젖꼭지를 꽁꽁 싸매고 그날의 초경처럼
한 무리의 붉은 비밀처럼
하늘하늘 떨어져 내리고 있다

기억나지 않는 기억처럼 언니들은 떨어져
찢어진 암호처럼, 언니들은 떨어져
읽을 수 없는 전언이 되고
어디론가

훨훨 날아간다 언니들은,

뿔뿔이, 제 각각, 가끔은 홀로
팔짱을 끼고, 어깨동무를 하고, 어쩌다 삼삼오오로

읽지 못하는 바람이 되어 날아간다

어쩌다 나는 그 많던 언니들을 죄 잊어버리고

아직도 나는
오지 않는 전언만을 기다리며

그날처럼
전속력으로 늙어간다

인플루엔자

컴컴한 터널 속으로
먼저 왼팔을 끼워 넣는다 최대한 깊숙이
머리를 구겨 넣는다
머리가 통과하자 터널이 안과 밖을 벗어던진다
안과 밖을 벗어던진 터널은
터널의 안과 밖보다 결코 가볍지 않다
어제의 팔은
오늘의 팔이 아니다
그러니까
오늘의 머리는 어제의 머리가 아니다
터널이 벗어버린 안과 밖은
더 길고 어둡게
안과 밖을 겹쳐 입는다
하나로 뭉쳐
결코 풀리지 않는 머플러로 진화한다
어제의 머플러는
오늘의 머플러가 아니다

오늘의 목은 어제의 목이 아니다
그러니까 오늘의 터널은 어제의 터널이 아니다
머플러 같은 터널을
터널 같은 머플러를 친친
목에 두르고
내일이라고 믿는 내일 앞에 대기 중이다
잠시 시동은, 끈다

선재일기 2

아이가 진흙을 뭉치고 있다
진흙은 나비가 되고
강아지가 되고, 소가 된다
아이는 다만 진흙을 뭉치고 있다
발바닥에 묻은
진흙이 진흙인 걸 알기까지 진흙을 뭉치고 있다
쉼 없이 진흙은 무엇이 되어가고
아이는 진흙을 뭉친다
소가 진흙이 되고
강아지가 진흙이 되고
나비가 진흙이 된다
아이는 다만 진흙을 뭉치고 있다
진흙이 모자라
나비가 날지 못할 때까지 아이는
진흙을 뭉친다
무엇이었던 진흙은 쉼 없이 무엇이 되어가고

발바닥의 진흙이 닳고 닳아 진흙이 아닌 걸 알 때까지
아이는 진흙을 뭉친다

아까부터
나비 한 마리 날고 있다

너무 긴 시

여자가 입술선을 높인다

트랜스젠더를 꿈꾸는 여자

밤마다 입술의 경사각을 가파르게 가다듬는다

입술선은 더 기울어지고 어제보다 더 길게 입술이 자라난다

이미 사용해버린 떨림을 기억하지 못하는 입술은

자꾸 새빨갛고 위험하다

층층나무 가지에 걸어둔 요설처럼

길고 짧은 것을 잴 수 없는 저녁의 허구처럼

여자의 입술은

믿을 수 없이 길어지고

오래전 삼켜버린 달은 흔적도 없이 말라간다

옆구리까지 자라난 입술이 여자의 옆구리를 바투잡고 비튼다

물기 빠진 여자가 새파랗게 부서지는 달빛을 토해낸다

한 번도 제 입술을 가져본 적 없는 여자

뜬 적도 없이 먼저 지고 있다

돼지 꼬리를 단다

처음의 처음으로 돌아가기 위해 돼지 꼬리를 단다

아직 부를 수 있는

헌화가를 부르기 위해 돼지 꼬리를 단다

끊으려 해도 끊어지지 않는 질긴 말의 꼬리에 돼지 꼬리를 단다

낡은 거멀못으로 헐겁게 걸쳐둔

아슬아슬한 관계에 돼지 꼬리를 단다

이미 이적이 사라져버린 내일의 이력에 돼지 꼬리를 단다

돼지 꼬리가 흔들린다

돼지 꼬리의 심장이 흔들린다

저기로 건너가자고 돼지 꼬리가 꼬리를 친다

돌아갈 수 없는 처음이 흔들린다

흔들리는 돼지 꼬리를 쥐고

한 번도 부르지 못한 헌화가가 흔들린다

다크 서클

예측 가능한 기상예보는

늘 흐림

혹은 비와 안개, 그리고

가끔 폭우를 동반한 바람, 언제든

지독한 폭설이 내릴 수 있는

궂은 기억들, 믿을 수 없는 예보들이 그린

불길한 기상도를 마주하는 아침

결코 닿을 수 없는

납작해진 그늘의 바닥에서 이미

해는 지고

아직 뜨지 않는다

숨은 해의 잠복기는

추측불가, 쇠락의 시간 또한 불가지의 미래

다시 캄캄한 시간

스토리텔링

주인공은 늘 구름을 모시고 다닌다
주인공이 구름을 거느리고 다닌다는 말은 구름에게서 나온
두루뭉술하게 떠돌던 말,
구름을 모시고 다니느라 그의 어깨가 찌뿌둥한 것인지
구름이 그를 받드느라
발꿈치를 아직도 내려놓지 못하는 것인지, 해는 구름 속에 있다
구름이 해를 숨긴 것인지
게으르고 비겁하게 해가 구름을 앞잡이 시킨 것인지
몰래 그가 해를 해코지하려던 것인지, 해는 늘 구름 속에 있다
어느 비 내리는 날
해와 구름과, 구름과 그와, 그와 해는 치정처럼 얽히고 얽혀 한 통속이 되기로 한다
그가 구름을 모시고 다닌다는 발단이 모호해지고
그가 구름을 거느리고 다닌다는 비약이 모호해지고
그에 대한, 구름에 대한, 해에 대한 결말이 모호해지

는 저녁
  그와 구름과 해는
  서로의 걸음걸이를 결정적 미끼로 내놓기로 한다
  모호하다는 것은
  모호하지 않은 복선을 누군가 쥐고 있다는
  그럴 듯한 어둠의 가면
  자고나면 걸음걸이에 대한 기승전결에서
  구름과 해와 그에 대한 믿을 수 없는 믿음이 한 뼘씩 자라고
  마침내 그는 그의 걸음이 구름보다 빠르다고 믿는다
  다시 비가 내리기까지
  그와 구름과 해는 걸음걸이의 보폭과 속도를 내걸고
  뻔한 눈짓과 손짓을 미끼로 내놓는다
  반전을 위한 마지막 복선은 끝까지 숨어 있다고
  믿음의 일대기를 완성한다
  아무도 믿지 않는
  믿음의 유효기간을 몰래 지운다

다시, 11월

딱 거기까지다

아직 돌아가야 할 시간이 있다면
돌아가라
거죽만 남은 11월이, 조금 더
구체적이고
적극적인 눈빛을 말하기 시작한다
앙상한 거짓말들이
둥글게 휘인 등뼈를 타고 절정을 향해
하얗게 솟구치고 있다
다시 펼 수 없게 구겨진 거짓과 끝내
지키지 못한 약속들이
빛바랜 백기를 흔들며 지나는 오늘
어제보다 조금 더 붉어진
남천나무 잎사귀들은 더 구체적으로 지고 있다
기울 대로 기울어가는
거짓을 향해

하얗게 휜 등뼈를 최대한 굽힐 수 있는
최후의 기회가 주어진
11월의
앙상한 등 뒤에서
좀 더 구체적인 거짓말들이 좀 더 적극적인
거짓처럼
스르륵스르륵 떨어지고 있다

떨어지는 거짓 앞에
거짓의 무릎을 꿇는 시간은

딱 여기까지다

계단 오르기

나의 신용등급은
믿을 수 없는 미지수 혹은, 무한대로 수렴하는
요행수에 매달린 가위바위보

불량하다는 것과
불행하다는 것의 시발은 불신을 굳게 믿는 일부터
눈을 감고 금줄을 쳐두는 것부터
가위는 바위와 바위는 보와 보는 가위와
별안간 결탁하고
눈치껏 서로를 허용하고
적당히 뒹굴며 한편인 척, 지루한 계단을 함께 오르는 것부터

한 번도 세상 밖으로 뛰쳐나가지 못한
나의 오랜 은둔과
한 번도 소란스러운 바깥보다 크게 떠들지 못한
엄청난 너의 시끄러움은

한 끗 차이로 어긋나버린 계단 같은 것
눈앞의 계단들은 여전히
믿을 수 없이 가깝거나 너무 멀어
과연 내일은, 오기나 할 건지
광화문 사거리에는
슬픈 열대처럼 잘린 손바닥들이 노랗게 나뒹굴고

아직은 아무도 눈 맞추지 않는 눈 먼 새벽
가위와 바위와 보가
보와 바위와 가위를 물고 씹고 뜯고 우물거리며
서로를 맛보는 중이다

믿을 수 없이 가깝고 먼 두 개의 손바닥을 깐다
불손과 불신의 패들이 먼지처럼 풀풀 쏟아진다

딱 그만큼, 어둡고 질척하게 실눈을 뜨고
보이지 않는 계단을 일단 올려다볼 일, 유일한 일

쿨잇 Cool It *

동풍이 분다고

서풍이 징징거린다

동풍이 분다는데, 잠시 불다가 그냥 간다는데

서풍은 그새를 못 참고

아주 오래전

함부로 쓰고 함부로 버린

동문서답을 찾아 동서남북을 헤매고 다닌다

어떤 바람이 어떠한 바람을 몰아낸 자리

출신을 알 수 없는 무풍의 무더위가 징그럽게 버티고 있다

* 비외른 롬보르의 책 이름.

제4부

시를 위한 몇 가지 조언

식은 밥과
뜨거운 신탁이 차려진
식탁의 네 귀는 위험해요
삭은 밥을 먹는 것보다 위험해요
네모지고 둥글고 좁고 길고 넓은 신탁이 차려진
네모지고 둥글고 좁고 길고 넓은 식탁은
몰래 흔들리고 있어요
식탁의 기울기에 대해서는 아무도 가르쳐주지 않아요
식탁을 위한 신탁을 올린다고
흔들리는 식탁에 꽃무늬 식탁보를 까는 것은 더 위험해요
끊임없이 흔들리는 꽃들을 향해
흔들리지 않는 댓글을 달 수 있다는 무거운 함정과
조언은 도움을 줄 거라는 확신은 거칠게 흔들려요
때론 달달한 말로 협박하거나
닮은 듯 닮지 않은 말로
지루한 장마처럼 중얼거리거나

꽃이 조만간 필 거라고
투덜대거나 꾸며대는 것은 조언과 동의어일 수 있어요
간추린 몇 가지의 조언은
흔들리는 식탁의 네 귀보다 사실은 위험해요
몇 가지가 기울고
조언이 기울고
식은 밥이 기울고
신탁이 기울고
기어이 식탁이 기우는 걸 알 때까지
꽃무늬가 꽃처럼 핀 식탁의 기울기를 향해 마지막까지
의심의 눈빛을 보내요

조언은 조언이 될 수 있다는 조언을 깨끗이 잊어요

무심코

무심코
잠그지 않은 수도꼭지에서
걷잡을 수 없는
사소한 물방울 하나가
무심코 어떤 시작을 시작하고
무심코 마르지 않는 강이 되기를 꿈꾸다가 무심코
목마른 잡풀 사이를 이간질하고 무심코
단단한 땅의 목덜미마저 야금야금 허물고 무심코
세상의 관계란 관계의 끝장을 향해 흘러간다

사실 무심코는
무심코 흘러가는 일마저 잊어버리는 건 다반사

무심코, 흘러만 간다

어느 벼랑에선가
폭포처럼 떨어져 산산이 부서지고

버들강아지, 애기똥풀, 각시붓꽃, 동강할미꽃, 깡그리 잡풀들
　한꺼번에 싸잡아
　물방울꽃과로 무심코 묶고 엮어

　팔랑팔랑 세상의 가장 가벼운 바람의 귀속으로 들어가
　무성한 무심코의 숲이 될 때까지

　손가락 사이에 묻은
　한 방울의 무심코를 기억하지 못하고

　잠그지 않은 수도꼭지마저 기어이 잊어버리고

　어제의 무심코를 까맣게 잊고

　걷잡을 수 없는 시작의 끝장을 기어이 보지 못하고

버스를 기다리는 시간

편두통이 짧게 메시지를 보냈다
아직 새벽이 아니다
곧 도착할 거라는 편두통의 전언처럼 버스는 오지 않는다
편두통은 잠시 머뭇거린다
제 자리를 떠나지 않고 버스를 기다린다
버스는 오지 않는다
기다리는 것들은
모두 미동이 없다 정거장에서 무엇을 지키고 있는 것처럼
무엇을 지키고 있다
새벽은 아직 오지 않는다
애꿎은 흰자위에 애써 힘을 주어도
오래전 시계를 잃어버린 나는 자꾸 앞이 캄캄하다
버스를 놓친 기억을 기어이 오지 않은 새벽에게 돌리고
새벽보다 한발 먼저
편두통에게 짧은 메시지를 보낸다
버스는 오지 않는다고
기다리는 모든 것들은 무엇을 기다리는 줄도 모르고

기다린다고, 무엇을 지키는 것인지도 모르고
지킨다고, 이간질을 한다
제대로 기다리기 위해
오지 않은 버스를 기다리는 것처럼
제대로 지키기 위해 오지 않은 새벽을 지킨다고
변명을 해댄다
바람은 점점 차가워지고 있다
아직은 털모자를 쓰고 있다
털모자를 쓰고 나는
너무 흔해 쓰레기가 되어가는 이별에 대해서
겉치레 같은 인사를 궁리한다
앞은 자꾸 흐릿해지고 새벽은 끝내 오지 않는다
어떤 전조는 없다

한쪽이 기울어진 편두통에게
하나뿐인 털모자를 양보할 때가 먼저 도착한다

어바웃 타임 about time

동그랗게 눈을 뜨고 시간은 잘도 잔다

눈꺼풀이 없다 시간은,

눈을 깜빡이지 않고도 늘 나를 감시한다
어떤 시침도 허락지 않고
재깍거리는 숨소리도 내지 않는다
처음부터 끝까지 시침만 떼고 있다

어떻게 처음을 시작했는지, 어떻게 끝을 끝내려는지
매듭을 맺지 않는다
시간과 시간을 이은 봉제선은 어디에도 없다

시간이 시간을 악물고 있는 어디
보이지 않게 짓물러가는 이빨 자국을 찾아

나는 오늘도

시간이 숨긴 틈을 후비고
어쩌다 아물어가는 상처를 건들고 덧낸다

지독하게
시간의 미움을 받는, 나는

시간의 곁을 떠나지 못하고 시간처럼 떠돌고

시간이 눈치채지 못하게
놓쳐버린 시간의 한 뜸을 몰래 뜨려다

완벽하게 시간과 불화한다

내부 수리 중

내부 수리 중인 그곳에는
비상구가 없다

비상사태를 선포하고

오로지 새로워지겠다고

숨죽인 바람 한 줄기도 허락하지 않는다

오로지 오로지를 위해
문을 열고 비상하지 않는다

작은 입 하나 닫지 못해서

벌어지는 틈새마다
녹슨 창살을 덧대고

커다란 자물쇠를 달아두어도

어느새 다시 헐거워지고 마는, 나의 오로지

어제의 창살로 오늘을 버티고 있다

물밥을 치다

입속에 주리를 튼
먹이의 사슬을 길게 엮어서

툭툭 끊어질 듯 가늘게 이어지는
질긴 밥의 줄을 줄줄이 엮어서

삼키지 못한 한 그릇의 밥이
층층이 디디고 올라가는
멀미 나는 허공을 꽁꽁 엮어서

아찔하게 물밥을 친다

이미 삼킨 밥이
어떻게 캄캄한 목구멍을 통과하는지

밥의 사슬에 걸린 목구멍이
언제 밥과 끝장을 낼 것인지

>
끊어지지 않는 질긴 명줄에 볼모로 잡힌
허공을 풀어, 허투루 물밥을 친다

길고 긴 좌고우면의 허망을 풀어, 길게 물밥을 친다

서로 물고 물린 밥의 사슬들은
사생의 비밀을 간직한 한 통속

지극히 통속적인, 통속들을 훌훌 털어

야멸치게 물밥을 친다

허공

아주 사소한 틈으로

틈을 뭉개려고

틈나는 대로 틈과 틈 사이에 낀

보이지 않는 틈을

들추고 후비고 파내었다

사소함은 자주 허기가 져서

틈이란 틈을 죽도록 뜯어 먹고 살았다

사소한 틈은

좀 더 사소한 틈들을 파먹고 더 사소하게 틈이 되어

간다

  지극히 사소하여

  메울 수 없이 커다란 허공이 되어간다

헝거 게임

붉은 이빨을 드러낸 내일에서 어제의 비린내가 나는 걸 모르고, 어제의 날선 두려움은 오랜 외로움을 버린 녹슨 칼날인 걸 모르고, 녹슨 칼날은 사나운 허기를 버린 구름인 걸 모르고

예감하지 못한 너무 이른 오월의 무더위에 왼쪽으로 기우는 구름을 오른쪽으로 일으켜 세울 줄 모르고

어제의 점심 메뉴를 기억하지 못하면서 아직 오지 않은 내일의 메뉴가 가장 궁금한 우리는,

오늘도 어제의 메뉴판에서 찰진 허기만을 골라 먹는다

끝까지 서로의 이름은 모르고

서로의 편식만을 골고루 사랑하기로 한다

하루도 깨어난 적 없는 우리는,

오늘 밤도 편안한 나무 밑동처럼 잠들기를 바란다

비망

탁 치니까 억, 하더라는
그 봄날

세상천지 물오르던 꽃봉오리
익지도 않고
후둑후둑 떨어져 내리고

꽃샘바람 매섭던 신새벽
아버지 해우소 들러
일생의 온갖 근심 다 털어내고

억하고
탁,
숟가락 놓았다

정짓간 부뚜막 위에는
뚜껑도 열지 못한

스테인리스 밥주발이 식어가고

윤기 잃은 한 줌의 햇살이 식어가고

파르스름 봄날이 식어가고

다시 봄은 오고

사금파리처럼 깨진 기억들, 어김없이 돌아오고

헌화가

거기, 까마득한 꽃 무더기 아직 지고 있는지

핏빛 낭떠러지는 여전한가요

아지랑이처럼 숨 가쁜 하늘 끝에서 봄은
지금도 아득한지요

멀미처럼 어지러운 봄이 길게 허리를 펴요
자줏빛 멍울 같은 아찔한 현기증이 일어요
등줄기가 간질거려요
자꾸 가쁜 숨이 터져 나와요
까맣게 죽어가는 실핏줄을 따라 자줏빛 꽃물이 화르르 번져가요
발가락 끝이 아슬아슬하고 울렁울렁해져요

전설 같은 꽃들은 다시 올까요

까마득한 함정처럼
여전히 봄날은 두근두근하고
너무 위험해

그날의 낭떠러지를 따라 무더기무더기 번져가던
목숨처럼 가파른 꽃을 기다려요

여전히, 여전한지요

벼랑 끝에서 까무룩
잠이 든 당신,

이름 없는 자들의 도시

꽃의 앞과 뒤는 뒤섞일 때가 많아
꽃의 이름에는 방향이 없다
세상의 모든 이름들은
꽃으로 부르거나 불리는 동안
꽃으로 살아간다
하마터면 감이 될 뻔했던
감꽃이 지고
감이 되지 못한 감꽃은 한동안
감꽃처럼 살았다
에이미 와인하우스가 리햅을 부르는 동안
리햅은 에이미 와인하우스가 되었고
이제 집을 짓지 않는 아이들은 리햅을 부르지 않는다
에이미 와인하우스처럼
이름이 살지 않는 집을 짓지 않는다
집 속에 그득한 이름을 지어두고
아이들은 집 밖을 떠돈다
세상의 모든 이름들은 방향이 없어 떠돈다

이름이 없는 자들이 사는 도시
아무도
꽃의 이름을 묻지 않는다

가끔 꽃이 꽃에게 이름을 물을 때가 있다

달력

1

너의 과거를 들춰보고
너의 이목구비를 몰래 엿보다

언제부턴가 네가 숨겨놓은
비밀이란 게 너무 뻔해서, 시들시들
너를 잊고 살아간다

2

햇살 한 조각
베어 먹지 말라 한다

질긴 어둠만 꾹꾹 씹으라 한다

참을 수 없는 식욕 앞에
우두커니 단맛을 잊어버리라 한다

숨겨둔 카드는 없다

3.

낡은 책갈피에서 숨죽인 허공이 떨어진다

죽어가는 짐승처럼, 거친 숨을 모으는 오늘이 떨어진다

적막이 보낸 문자는 아직 오지 않았다

떠도는 말

떠도는 말을 주웠다
가장 둥글고 깊다는 주머니 속에 넣어두었던
떠돌던 의도들이
시끄럽게 속내를 드러내기 시작한다
천 년을 썩지 않는
세르게이 사원의 성자가 되고 싶었다고
떠도는 말의 긴 꼬리에서
방향을 알 수 없는 꼬리들이
서로 꼬리를 물고 부딪치고 떠든다
주머니를 흔들고
내 몸을 흔들고 세상을 흔들어댄다
끝도 없이 동서남북을 흔들며 얼키설키 얽힌다
둥글고 성글어 걸림이 없다는
떠도는 말의 근원을
고르고 골라 주워서 담기만 하던
나의 주머니는
너덜너덜 찢어져 아무것도 넣지 못한다

기어이 떠도는 근원마저 흘러버린다
구멍 난 주머니에서 떠드는 근원들이 흘러내리고
흘린 근원들은
다시 떠도는 근원이 되기 위해
천 년을 썩지 않는
떠드는 말로
떠도는 사원을 짓는다
세상을 공격하고
가장 잔인하고 오래 나를 공격한다

슬픈 전설로 포장한 근원을 허물기 위해 오늘도 나는

맹목의 신도처럼

세상에서 가장 위험한 사원 앞에 엎드려

구멍 난 주머니를 기우고 있다

아리랑 1호

우주에서
그의 부고가 날아왔다

잠깐
휴대폰 배터리를 빼놓은 채

그는
수신 불가의 우주 계곡 속으로
너무 깊숙이 걸어 들어가

무량겁의 자유를 켜놓고 있는 것인지

너무 오래
그의 휴대폰이 꺼져 있다

해설

살이 찢기고 하얗게 뼈가 드러나도록

김익균(문학평론가)

0

한보경의 신작 시집 원고를 메일로 받아서 처음에는 여러 번 눈으로 읽다가 프린트해서 강의 나가는 차 안에서, 편집회의 장소나 카페에서 사람들을 기다리며 중얼중얼 소리내어 읽기 시작한 지 두어 달이 지났다. 한눈에 읽기 쉬운 시는 아니지만 내 일상 속으로 넘어올 듯 말 듯 넘실거리는 시에 취해 산 시간이다. 비평행위에는 항상 모종의 망설임이 깃들어 있다. 이 망설임은 현대시의 운명이되 언젠가부터는 시 비평의 운명이 되어 있기도 하다.

시집의 문을 여는, 사실상 첫 시로 보이는 아래의 시에서부터 말문을 열어보자.

꽃 한 송이가
덤이라며 제 몸을 내준다 거짓말처럼,

꽃은 덤이 되지 못하고
꽃 한 송이가 덤이 되어주려던 그것이
덤이 된다
어쩌다 덤이 되어버린 그것의 한때가
덤이 아닌 주인공이었다,
아무도 기억하지 않는다
덤이 되어 주겠다고 꽃들은
덤이 아닌 그것들을 덤으로 만들어버린다
순식간이다
가끔은 아주 은근하고 응큼하게
서서히 목을 조르듯,
꽃의 애틋한 눈빛을 믿지 말라는
오래전의 유언 같은 것을 들은 바 없는
그것의 비극이다
덤은 가장 아슬아슬하고 위험한 금기
아득한 절망이다
불필요한 잉여다
세상의 모든 선의를 엄청나게 버겁고
역겨운 악의로 바꾸어버린다
자고 나면
무턱대고 좌우가 바뀌는 세상

너무 흔하고 흔한
덤 아닌, 덤들

―「덤, 덤」 전문

「덤, 덤」은 시 그 자체의 운명을 예시적으로 표현하고 있는 형상일 것이다. 분출로서의 시작품은 대문자 시를 되풀이하는 중얼거림 속으로 이끌린다. 시가 존재한다는 그 사실에 의존할 때만 실존할 수 있는 시작품은 기어코 하나의 조각, 시적 파편이 되는 순간에 완성된다. "꽃 한 송이가/ 덤이라며 제 몸을 내준다 거짓말처럼"이라는 첫 행에서부터 "꽃 한 송이"라는 기표는 "위험한 금기", "아득한 절망", "불필요한 잉여"와 함께 시가 무엇인지 묻는 질문의 일부가 된다. 시는 이 세계의 "덤"인 동시에 실재하는 세계 전체를 덤으로 만들어버리는 역량이기에 '꽃=시'는 역설적이게도 덤이 되려 할수록 덤이 될 수 없는 운명에 놓여 있는 것이다. 거꾸로 우리를 둘러싼 "주인공"의 얼굴을 한 "세상의 모든 선의", "좌우"를 가르는 이데올로기는 시라는 꽃 한 송이가 더해지는 순간 "너무 흔하고 흔한/덤 아닌, 덤들"이라는 정체를 드러내고 만다.

한보경의 시들은 구체적인 의미를 지시하지 않는 자

기-내포(auto-implication)에 충실한 시라고 할 수 있으니, 이러한 특징을 메타적이라고 부를 수 있을지도 모르겠다. 「시의 귀」, 「너무 긴 시」, 「시를 위한 몇 가지 조언」처럼 명백한 '시에 대한 시'를 제외하고 보더라도 '말'이나 이야기하기, 꽃의 표상 등이 시집 곳곳에서 '시는 무엇인가'라는 질문을 재구성하고 있음을 알 수 있다. 하지만 시와 메타언어 사이에는 섬세한 구분이 필요하다는 데는 의문의 여지가 없다. 물론 언어학에서 메타언어라는 아이디어가 곧잘 시와 비견되는 것은 시와 메타언어 사이에 놓인 자연스러운 연상의 고리를 암시한다. 우리가 손쉽게 사용하는 일상어가 '대상언어'라고 한다면 메타언어는 참조 대상이 아닌 '언어 그 자체'를 반성하는 언어이다. 주어진 한 언어의 특성들, 형식들, 코드들, 법칙들이 다른 언어를 통해 정의될 수 있는 가능성이 이러한 메타언어로부터 나온다는 점에서 이것은 언어의 근본적인 속성이라고 할 수 있다. 그런데 언어학자인 로만 야콥슨은 일찍이 메타언어와 시를 명쾌하게 구분 지은 바 있기도 하다. "시와 메타언어는 정반대다. 메타언어에서는 연속체가 등가를 구성하기 위해 사용되지만, 시에서는 등가가 연속체를 구성하기 위해 사용되는 것이다." 달리 말해서 시가 메타언어와 다를 수밖에 없는 것은 그것이 은유 원리에 기반하기 때문이다. 메타언어는 하나의 통합체로서 등가의 형식을 이루고 있으므로 그 속에서 동일한 것의 반복은 형식과 내용의 일치로 이어지는 반면 은유 원리에서의 반복은 담화의 형식과 어긋나는 반복, 담화의 통합체적 구성을 교란시키는 반복, 즉 내용과 형식의 괴리를 초래하는 반복을 의미한다. 잘 알려져 있듯이 이러한 형식과 내용, 통사론과 의미론의 불일치는 20세기 문학의 지표로서 주목받아왔던 것이다.

  이러한 불일치의 근본적인 이유는 언어가 종교적, 사회적, 경제적 기호들로 이루어진 훨씬 일반적인 체계에 속한 하나의 기호체계라는 데 있다. 미셸 푸코는 시가 언어학적 범주에 갇히지 않는다는 점에 주목하면서 시는 특정 사회, 특정 문화의 분리된 개별적 층위-기호학의 적어도 4가지 층위- 안에 주어지는 기호들의 수직적 재배치로 분석하였다. 시는 구어적 기호의 차원에서 이루어지는 소쉬르의 애너그램이나 초현실주의 실험, 작품의 내적 구조의 의미, 바르트적인 글쓰기의 의례, 자기-내포적인 기호들을 가로지르는 놀이로부터 산출되는 하나의 형상이라는 것이다. 우리는 언어가 현실을 재생산하고 재현한다고, 일종의 낱개의 단어 하나하나를 말하고 있으며, 궁극적으로 사물의 세계와 말의 세계가 등가

관계에 있는 것처럼 착각한다. 마치 담론의 보이지 않는 실이 현실 법칙을 동반하여 그것과 결합하는 것처럼, 마치 말이 사물을 있는 그대로 말하는 것처럼 말이다. 하지만 일련의 시니피앙과 시니피에가 서로의 사이로 미끄러져 들어가도록 하는 조작을 통해 담론의 형식을 뒤바꾸어놓는 시적 작업은 말이 사물의 다른 얼굴로 나타나지 않고 그 자체 두 얼굴을 가진 현실이 되게 한다. 시인은 이 기호와 의미의 관계에 현기증 나는 형식을 부여하여 언어의 사용을 그 한계에 치닿을 때까지 밀어붙이는 존재이다. 달리 말해 보자. 언어란 애초부터 사물을 말하기 위한 것이 아니었다는 것, 아니 차라리 언어가 말하는 사물은 일반적으로 우리가 생각하는 것과 부합하지 않는다는 것을 밝히는 것이야말로 시인의 과업이다. 우리의 이야기는 항상 끊길 위험 속에 놓여 있고 급작스러운 결합에 의해 옆길로 샐 가능성 위에서 진행된다. 담론은 상식적으로 그것이 말해야 할 것으로 여겨지는 이 현실과의 관계에서 과잉과 동시에 결핍의 관계를 맺고 있다. 이처럼 실제 담론은 단일한 언어학적 체계로 포착할 수 없는 여러 겹의 기호 체계들로 이루어지고 있는바 시가 이러한 기호 체계들을 가로지른다는 것은 언어학의 한계 너머로 언어를 초대하는 향연을 벌이는 것이라고 할 수 있다. 왁자지껄한 이 향연, 그야말로 말장난의 명상적 기능이라 할 수 있는 시는 시니피에의 내용이 어떤 사물의 실제적 존재에 부합해야 하는 필연성 없이 시니피앙의 고유 논리 자체만으로도 시니피에의 내용을 작동시킬 수 있다는 것을 투명하게 보여주는 장치인 것이다.

다소 전문적인 논점이지만 한보경의 시가 산문적 의미를 '살해'하는 동시에 시란 무엇인가라는 질문 속에서 '부활'하는 자기-내포적인 기호를 지향한다는 점은 분명히 인지할 필요가 있다. 자기-내포적인 기호를 지향하는 시의 특징은 독자에게 암호해독의 욕망을 부추기며 (혹은 좌절시키고) 이럴 때 시집 해설이란 으레 독자의 해석 노동을 대리해주는 '덤'의 역할을 떠맡게 된다. 시집에 딸린 해설이 독자들을 하나의 해석, 구어적 기호의 의미론적 표면에 가두는 경향은 여기서 비롯하는 것이라고 하겠다. 이런 경향은 시가 기호체계의 다양한 층위의 횡단을 통해 간신히 출현한다는 점을 괄호 안에 넣어 두는 선택과 무관하지 않다. 한편 근현대시의 중핵인 자기-내포적인 기호들이 전통적인 불교 관념의 해석 틀에 의해 특수한 문화론으로 전유 되는 편향 역시 간과할 수 없을 것이다. 우리에게 부과된 임무가 있다면 이러한 이중의 편향을 경계하는 표지판을 놓는 일이 아니고 무엇이겠는가.

이제 남은 일은 기꺼이 시집(詩集)의 덤이 되어주는 일이다. 이때의 덤은 "덤이 되어주려던 그것" 즉 시를 덤으로 만들 수 있는 덤일 수도 있지 않을까? 물론 그것은 비평이 하나의 해설이 되려는 욕망을 중지하는 찰나 속에서만 가능해지는 축복이리라.

1

시 작품이 대문자 시의 되풀이라고 할 때 이번 시집에서 두드러지는 '표절'의 존재론을 음미해 보자.

> 강아지풀이 사라져버린 자리
> 강아지풀을 닮은
> 강아지풀이 자라고 있다
> 오래전 내가 뿌리고 까맣게 잊은
> 강아지풀을 닮은 강아지풀이 자라고 있다
> 어떤 전조도 없이
> 강아지풀은
> 대뜸 나의 강아지풀이었다고 나를 핥기 시작한다
> … 중략 …
> 살이 찢기고

하얗게 뼈가 드러나도록 핥는다
강아지풀을 강아지풀이라고 말하지 못하는 나는
강아지풀처럼 사라지지 못하고
강아지풀을 닮은 강아지풀처럼 자라지 못한다
강아지풀처럼 강아지풀의 손바닥을 핥지 못하고
강아지풀의 동서남북을 핥지 못하고
강아지풀의 배후를 핥지 못하고
처음부터 끝까지

컹컹, 짖고 있다

나를 닮은
무수한 강아지풀 같은 강아지풀에서 다시
보이지 않는 측면이 자라난다

쓰윽 쓰윽 붉은 이빨들이 자라고 있다
　　　　　　　　　　　　　　 ―「강아지풀」부분

「강아지풀」은 '닮음'으로서의 생성을 환기시키고 있다. 매년 강아지풀은 새로 자라난다. 우리의 육안으로 관찰 가능한 강아지풀은 오직 '지금, 여기'에서 자라나고 있다. 작년의 강아지풀은 어디에서도 보이지 않는다. 그럼에도 불구하고 우리는 작년 것과의 '닮음' 속에서 강아지풀을 인지하지 않는가. 바로 저기서 자라고 있는 강아지풀이 작년 것의 반복이라는 감각. 하지만 이 감각은 언어의 질서 안에서 존재할 수 있다. 사실 자연의 질서 안에서 반복이란 담론적 방식으로 분석 가능한 하나의 부분적 동일성에 불과하다. 그러니 봄 여름 가을 겨울 계절의 영원회귀 역시 언어 속에서 이루어지는 것이다. 언어는 끊임없이 스스로를 되풀이한다. 언어의 되풀이 형식을 모두 분석한다면 우리는 언어의 존재론의 밑그림을 그릴 수 있을지 모른다. 너무나 적은 수의 단어들만으로도 우리는 매일매일 발음하는 언표들을 구성해낼 수 있을 것이다. 우리는 단어의 음성학적 되풀이, 의미론적 되풀이 등을 통해 어떤 특정 구조를 끝없이 발음할 수 있다. 우리는 동일한 문장을 말할 수 있고 같은 것을 다른 단어들로 가리킬 수 있다. 언어의 문법적 구조 또는 형태론적 구조 안에서 되풀이하는 언어학자들의 작업은 한 언어의 의미를 전적으로 중단시키는 형식으로 되풀이를 행하는 것이기도 하다.

언어는 그 안에서 되풀이가 일어나는 사실상 유일한 장소인 것이다. 언어 안에서의 이러한 되풀이 현상은 물론 언어의 구성적 속성이지만, 이 속성은 글쓰기 행위와 관련하여 중립적이거나 무기력한 것이 아니다. 글을 쓴다는 것은 언어의 필연적인 되풀이를 우회하지 않는다. 문학적 의미의 글쓰기란 작품의 중심 자체에 되풀이를 설정하는 작업이기도 하기 때문이다. 위 시에서 보듯이 "강아지풀이 사라져버린 자리"에 다시 강아지풀이 자란다. 그뿐 아니라 강아지풀은 강아지의 핥는 행위를 되풀이한다. 강아지풀이 바람에 눕는 이미지는 강아지가 '나'를 핥는 감각적 이미지로 탁월하게 되풀이되고 있다. 그런데 시작품이란 언어의 질서 안에서 이루어지는 되풀이를 도입하는 동시에 그것을 위협하는 가능성의 장소일 수밖에 없다. 한보경 시인은 언어(langage)를 위반하는 '말'의 수행성을 끈질기게 사유한다. 「의도는 사라지고 헐벗은 말만 남아」, 「말꼬리」, 「어설픈 기도」, 「떠도는 말」 등에서 보듯이 이번 시집의 주요한 라이트 모티프가 '말'이라는 점은 시사적이다. 시작품은 언어로 쓰여지지만 언어 자체에 위반의 가능성으로서의 '말(parole)'을 도입함으로써 대문자 시의 자기-내포적 실천이 된다.

시가 자신의 일부인 시작품의 영원회귀에 의해 출현하는 무한한 언어 행위라는 점, 실재하는 시라는 장소 속에서 언어 현실의 의미는 살해되고 시의 일부로서 언어가 부활한다는 점을 환기하지 않고서 현대시를 읽는 일은 불가능하다. 다시 말해서 문학 특히 시는 언어로 쓰이지만 그것은 '살해'의 위험 속으로 언어를 인도하는 일이 된다. 이 도저한 문학 체험은 언어와의 근본적인 관계를 설명하는 특수한 경험을 낳는다. 시인은 "강아지풀은 강아지풀이라고 말하지 못하는 나는 강아지풀처럼 사라지지 못하"게 된다고 하는데 영원불멸의 '시'라는 관념은 바로 그 순간 시인의 시적 실천 속에서 현현하는 것이다. 시인은 언어의 질서 위에서 "컹컹, 짖고" 언어의 "보이지 않는 측면"이 보이게 하고 언어의 코드를 위태롭게 하는 "붉은 이빨들이 자라"나는 시적 장소를 건립하는 문학적 경험의 일부가 된다.

「강아지풀」은 언어로 쓰인 '언어의 살해와 부활이라는 제의'라고 할 법하다. 언어는 사물의 다른 얼굴이 아니라 그 자체 두 얼굴을 가진 현실이라는 통찰은 이제 사물의 질서 자체에 관한 의문으로 우리를 이끈다.

    내 방에는 엄마가 없다.

    한 번도 엄마가 된 적이 없는, 나는
    엄마의 모든 이름을 몰래 숨기고

엄마를 표절한다

표절은 가슴에 표절이란 이름표를 달지 않는다
표절은 표절만 꿈꿀 수 있으므로,

밖으로 걸어 나올 수 없는 표절이 갇힌 방
거울은 없다

엄마의 심장을 표절하고, 끝도 없이 엄마가 되기를 표절하고, 엄마로 늙어가기를 표절한다
거울은 없다

나는 엄마가 벗어둔 옷을 최대한 헐렁하게 걸치고 엄마의 최댓값을 숨긴 엄마의 좌표를 겹겹이 껴입고 표절과 표절이 만나는 x축과 y축의 절정에 대해 궁리한다 그 궁리의 벼랑 끝에서 망설이지 않고 엄마를 벗어 버린다?

완벽하게 엄마를 표절하는 결코 늙지 않는 표절
엄마는

표절이 꿈꾸는 궁극이며

　　표절의 표절조차 찾아오기 힘든 너무 먼 표절이다

　　느닷없이, 죽는 표절이다.

　위 시에서 '표절'이란 시어는 일상어의 맥락에서는 해명되지 않는바 은유 원리에 따라 담화의 형식과 어긋나는 반복을 수행하고 있기 때문이다. 엄마와 엄마 배에서 나온 나의 관계는 언뜻 사물의 질서에 따르는 반복처럼 보이지만 이미 우리는 강아지풀의 영원회귀를 통해서 그것이 언어의 질서 위에서 일어나는 반복이라는 점을 알고 있다. 따라서 엄마와 나의 되풀이 관계는 언어적 되풀이의 일종인 '표절'이라고 불릴 수 있게 된다. 시작품의 출현은 탄생이 아니라 표절에 의해 가능한데 그것은 "엄마"가 없이 "거울"도 없이 이루어지는 표절이라는 점에서 독특하다. 이 점은 언어와 시작품, 그리고 대문자 시의 관계에 대한 자기-내포로 보인다.

　시작품은 무엇인가? 모든 발화된 것의 중얼거림인 언어가 중얼거림의 흐름을 억제하고 단어와 기호의 투명함을 두텁게 만들어냄으로써 기묘한 사물이 될 때의 특정한 언어의 배치이다. 시는 언어와 시작품 사이를 가로

지르는 실천적이고도 능동적인 관계를 통해서 언어 자체가 다시 만들어지는 순간에 출현한다. "밖으로 걸어 나올 수 없는 표절이 갇힌 방"은 시 그 자체인셈인데 그것은 시(엄밀한 의미에서의 근대시)가 오직 자기 자신만을 스스로의 대상으로 삼기 시작했던 바로 그 순간 탄생했다는 점에 기인한다. "엄마의 최댓값을 숨긴 엄마의 좌표를 겹겹이 껴입고 표절과 표절이 만나는 x축과 y축의 절정"인 '시란 무엇인가라는 질문'은 이미 그 기원에서부터 시가 탄생하는 과정에 기입되어 있었다. 시는 언어와도 다르며 시작품과도 다르다. 시는 언어를 통해 쓰이고, 시에 대한 담론이 가능해지는 것 역시 오직 언어를 경유할 때이다. 다만 시는 언어로 만들어진 날 것의 사실이 아니라 언어의 내부에서 흔들리는 언어의 진동이라는 고유한 속성을 갖는다. 달리 말해서 시 자체의 본질은 이 '거의 없음(ce peu)'에 있다. 시작품은 시로 이루어진 것인 동시에/그럼에도 불구하고 언어로 이루어진 것이라는 시차, 시와 언어 사이의 망설임으로 존재한다.

지금까지 살펴본 언어-시-시작품의 삼각관계는 위의 시 「마더」의 (의미의 층위가 아니라) 자기-내포의 층위에서 조망된 것이다. "내 방에는 엄마가 없다." 이 첫 행은 시로 들어가는 하나의 입구이지만, 여기서 사용된 단어 중 그 어떤 것도 시에 속하는 것이 아니라는 점 역시 분명하다. 시행이 시의 표지를 갖는 언어를 사용하기 때문이 아니라 백지 위에 쓰인 그냥 어떤 언어의 분출이 시임에 틀림없을 하나의 영원한 부재의 문턱으로 우리를 이끌기 때문에 단어들은 시어가 된다.

모든 단어는 작품의 백지 위에 쓰인 순간부터 우리가 시라고 부르는 어떤 것을 향해 깜빡거린다. 이 깜박거림이 멈추지 않을 때 마침내 시작품은 시의 되풀이에 다름 아닌 중얼거림 속으로 사라져 해소될 수 있는 것이다. 시의 주변에, 시의 앞 또는 뒤에 존재하는 어떤 것 곧 대문자 시의 연속성이 존재하기 때문에만 존재하는 하나의 조각, 하나의 시적 파편이 되지 않고서 대상언어로 되돌아가지 않는 시작품이란 없다. 시작품의 완성은 마침내 시의 일부로서 소멸하는 것이다. 따라서 시의 마지막 행 "느닷없이, 죽는 표절"은 시의 완성이요 작품의 소멸에 도달하는 단계를 표현한다.

우리는 이번 시집에서 시의 '산문적 의미'를 대신 독해해주는 해석 노동에 참여하지 않았다. 누구나 인정하는 것처럼 시의 '의미'는 시인 개인의 것일 수도 있고, 시대의 산물일 수도 있으며, 독자 제각각의 내밀한 체험일 수도 있다. 하지만 시(작품)가 시일 수 있게 하는 '그것'이

(간혹 종교적 깨달음을 동반하기도 하는) 산문적 의미로 환원되지 않는다는 점을 망각하는 동안 우리는 언제나 시 이전의 자유만 만끽하다 책(이 무궁무진한 우주……)을 덮게 될 것이다. 한보경 시인의 시에서 그러한 방종에 가까운 자유는 시의 이름으로 제지될 것이다.

도저한 언어의 금욕주의, 이 향연에 초대받은 당신은 누구시길래……?

우리의 모든 말들을 덮을 '덤'으로 이 한 편의 시를 얹으며 말문을 닫는다.

> 떠도는 말의 근원을
> 고르고 골라 주워서 담기만 하던
> 나의 주머니는
> 너덜너덜 찢어져 아무것도 넣지 못한다
> 기어이 떠도는 근원마저 흘러버린다
> ―「떠도는 말」 중에서

포지션 詞林 009
덤, 덤

펴낸날 | 2018년 12월 14일

지은이 | 한보경
펴낸이 | 차재일
책임편집 | 이용헌
펴낸곳 | 포지션
등록번호 | 제2016-000118호
등록일자 | 2016년 4월 12일
주소 | 서울시 마포구 대흥로8길 26. 201호
전화 | 010-8945-2222
전자우편 | position2013@gmail.com

ⓒ 한보경, 2018

ISBN 979-11-961370-8-3   03810

값 10,000원

* 이 책은 2018년 부산광역시, 부산문화재단 지역문화예술특성화 지원사업의 지원을 받았습니다.
* 이 책의 전부 또는 일부 내용을 재사용하려면 반드시 지은이와 포지션의 서면 동의를 받아야 합니다.